Wim
Wunderlich

Annelies Schwarz

Bildergeschichten mit dem Weihnachtsmann

Illustrationen von Sabine Kraushaar

Die Deutsche Bibliothek – CIP-Einheitsaufnahme

Bildergeschichten mit dem Weihnachtsmann / Annelies Schwarz.
Ill. von Sabine Kraushaar.
– 1. Aufl. – Bindlach : Loewe, 1999
(Leseluchs)
ISBN 3-7855-3451-5

ISBN 3-7855-3451-5 – 1. Auflage 1999
© 1999 Loewe Verlag GmbH, Bindlach
Umschlagillustration: Sabine Kraushaar
Reihengestaltung: Angelika Stubner

Inhalt

Der Wunschzettel

Der Weihnachtsmann Wim
Wunderlich ist traurig.

Er stapft durch seinen Garten.
Seit Tagen wartet er auf die
Wunschzettel der Kinder.

Seine Freunde, die beiden Mäuse
Wips und Wups, trösten ihn.

„Bei den Kindern ist doch noch
Sommer", sagen sie.

9

Aber Wim Wunderlich hört ihnen gar nicht zu.

Er bricht Eiszapfen von den Eisblumen ab und wickelt sie in buntes Papier.

„Die schicke ich den Kindern", sagt
der Weihnachtsmann.

„Eiszapfen im Sommer? Die
schmelzen doch", sagt Wups. „Was
ist nur mit Wim Wunderlich los?"

„Ich hab eine Idee!", flüstert Wups
Wips ins Ohr. „Komm mit!"

Schnell rennen die beiden Mäuse ins
Haus. Sie schreiben einen Brief.

Damit eilen sie zum Weihnachtsmann.

„Ein Wunschzettel für dich!", piepsen sie aufgeregt und klettern auf Wim Wunderlichs Knie.

„Wirklich?", fragt der neugierig. Er
faltet den Zettel auseinander.
Dort steht:

„Lieber Weihnachtsmann, wir
wünschen uns eine Reise nach
Spanien. Mit dir! Wips und Wups."

„Der Brief ist ja gar nicht von den
Kindern." Wim Wunderlich ist
enttäuscht.

„Dürfen wir uns denn gar nichts
wünschen?", fragen die beiden
Mäuse traurig.

Wim Wunderlich denkt nach. „Ihr habt Recht", sagt er.

„Lasst uns eine Reise nach Spanien machen!"

Besuch bei Carlos

„Wo geht's eigentlich hin?", fragen Wips und Wups. Sie sitzen mit Wim Wunderlich im Wolkenboot.

„Carlos besuchen", sagt Wim Wunderlich. „Ich will mal schauen, was er mit seinem letzten Weihnachtsgeschenk macht."

Wim Wunderlich sieht durch das Fernrohr. „Dort in dem Haus am Berg wohnt Carlos", sagt er.

Das Wolkenboot landet auf der Wiese hinter dem Haus.

Zusammen mit den Mäusen lugt
Wim Wunderlich durch das Fenster.

Carlos dreht ihnen den Rücken zu
und sieht fern.

Oben auf dem Schrank liegt eine
verstaubte Gitarre. Die hat seit
Monaten niemand angerührt. Das
sieht man sofort.

„Und ich habe ihm extra die
allerschönste Gitarre geschenkt",
flüstert Wim Wunderlich.

Er überlegt. Und plötzlich hat er
einen Einfall.

Wim Wunderlich rennt zum
Wolkenboot und holt seine
Mundharmonika.

Er setzt sich auf die Wiese vorm
Haus und beginnt zu spielen.

Die Melodie ist lustig. Wips und
Wups tanzen.

Auch Carlos hört die Musik und
schaut neugierig aus dem Fenster.
Er pfeift leise die Melodie mit.

„Hast du Lust mitzumachen?", fragt
Wim Wunderlich. „Au ja", ruft Carlos.
„Ich hol meine Gitarre."

Als er sie vom Schrank nimmt,
staubt es fürchterlich.

Draußen setzt er sich neben Wim
Wunderlich und klimpert auf seiner
Gitarre mit.

„Die habe ich letztes Jahr zu
Weihnachten bekommen", sagt
Carlos. „Sie klingt toll", sagt Wim
Wunderlich und lächelt zufrieden.

Das Zauberbuch

Endlich ist Weihnachten. Wim
Wunderlich verpackt die Geschenke.

Er liest den Wunschzettel von Lisa.
Sie wünscht sich ein Zauberbuch.

Wim steigt in den Keller hinab.
Dort liegen die Zauberstäbe,
Zauberhüte und Zauberbücher.

Wim Wunderlich nimmt das schwere
Zauberbuch aus dem Regal.

Da fällt ein loses Blatt heraus.
Langsam liest er: „Hokuspokus!
Wilder Kater, komm heraus!"

Das hätte er nicht tun sollen.
„Miau!", sagt Wim Wunderlich
plötzlich. Da stimmt doch was nicht.

„Wim, wo bleibst du nur?", hört der
Weihnachtsmann Wips und Wups
rufen.

Wim faucht. Und als Wips und Wups
um die Ecke flitzen, lauert er ihnen
mit glühenden Augen auf.

Wips und Wups erstarren vor
Schreck. Dann erkennen sie die
Mütze vom Weihnachtsmann.

„Hilfe! Das ist ja Wim Wunderlich",
piepsen sie ängstlich.

Ihr Blick fällt auf das Zauberbuch.
„Stopp, Zauber!", rufen sie in höchster
Not.

Wirklich, Wim Wunderlich steht
wieder da.

Wim Wunderlich legt das lose Blatt
zurück in das Zauberbuch.

„Stopp, Zauber!", schreibt Wips auf
den Einband. „Damit Lisa das nie
vergisst!", piepst er.

Schlittschuhe

Wim Wunderlich steigt mit einem
Sack voller Schlittschuhe aus
seinem Wolkenboot.

Er macht sich damit auf den Weg
zum Kinderhort.

„Uff, ist der Sack schwer", stöhnt er
und setzt ihn an der Eishalle ab.

Durch das riesige Glasfenster
beobachtet Wim Wunderlich die
Schlittschuhläufer.

„Ist das nicht eine Eisprinzessin?"
Er stellt sich auf die Zehenspitzen.

Jetzt macht sie sogar einen Sprung!
Wim Wunderlich klatscht Beifall.

Die Kirchturmuhr schlägt. Wim
Wunderlich erschrickt: „Auweia,
die Kinder warten ja auf mich!"

Hastig rennt er los.

Außer Atem kommt Wim
Wunderlich zum Kinderhort.

„Wo ist denn dein Sack mit den
Geschenken?", fragen die Kinder.

„Oje, entschuldigt bitte. Den habe
ich bei der Eishalle vergessen."

Die Kinder lachen.
„Wir holen ihn!", rufen sie und rennen
los. Wim läuft hinterher.

Neben der Eishalle finden die Kinder
den Sack. Sie probieren die
Schlittschuhe gleich aus.

Erst laufen die Kinder mit Wim
Wunderlich in der Eishalle um die
Wette.

Dann schauen sie zu, wie der
verliebte Weihnachtsmann mit der
schönen Eisprinzessin tanzt.

Das Meerschweinchen

Eilig steuert Wim Wunderlich das
Wolkenboot über die Dächer der
großen Stadt Berlin.

Wips und Wups halten den
Geschenkkarton auf den Knien.
Im Karton sind kleine Luftschlitze.

„Flieg schneller!", ruft Wips, „das
Meerschweinchen will heraus!"

„Wo fliegen wir eigentlich hin?", fragt
Wups. „Oje", ruft Wim Wunderlich,
„ich habe die Adresse vergessen."

42

„Ohne Straße und Hausnummer
können wir Noah Kirsch doch gar
nicht finden", sagt Wups.

„Hast du nicht gesagt, dass Noah in
einem Hochhaus wohnt?", fragt
Wips.

„Ja, das habe ich", sagt Wim
Wunderlich und landet auf dem
nächsten Hochhaus.

Die drei Freunde steigen aus dem
Wolkenboot.

Wips und Wups sausen gleich durch das Treppenhaus. Sie lesen alle Namensschilder.

Wim Wunderlich setzt sich mit dem Meerschweinchen auf die Treppe und wartet.

Das kleine Tier rappelt ungeduldig
im Karton herum. Es reißt das
Luftloch immer größer.

Schwups, ist es draußen. „Halt, nicht
weglaufen!", ruft Wim Wunderlich
und macht einen Hechtsprung.

Der Hausmeister hört das Poltern im Treppenhaus. Er schaut aus der Wohnungstür.

Schwups! Das Meerschweinchen huscht an seinen Füßen vorbei.

Wim Wunderlich stürzt hinterher.

„Noahs Weihnachtsgeschenk ist in Ihre Wohnung gelaufen", sagt er zum verdutzten Hausmeister.

Nur mit einem saftigen Salatblatt lässt sich das Meerschweinchen unter dem Sofa hervorlocken.

Der Hausmeister bringt eine Kiste mit viel Stroh für das Tier.

Da kommen die Mäuse zurück.
„Hier wohnt kein Noah Kirsch",
piepsen sie traurig.

„Wissen Sie vielleicht, wo er wohnt?",
fragen sie den Hausmeister.
Der hat gleich eine Idee.

Schnell holt er das Telefonbuch und
sucht nach dem Namen Kirsch.

Da stehen ganz viele. Langsam liest
er die Straßennamen dem
Weihnachtsmann vor.

Bei „Heinrichstraße 13" ruft Wim
Wunderlich: „Das ist die Straße, ich
erinnere mich genau."

Zum Abschied schenkt der
Hausmeister Wim Wunderlich das
Telefonbuch. „Das kannst du
bestimmt noch brauchen", sagt er.

Das vertauschte Geschenk

Es ist Weihnachten im fernen Afrika.
Die Nacht im Dorf ist heiß und
mondhell.

John liegt in seinem neuen
Schlauchboot. Er kann einfach
nicht einschlafen.

„Ich wollte doch so gerne ein
Fahrrad", flüstert er traurig.
John kommen die Tränen.

„Weiß denn der Weihnachtsmann
nicht, dass es hier keinen Fluss und
keinen See gibt?"

Da hört er ein leises Knirschen im
Sand. Eine Stimme sagt:
„Entschuldige, John, auch ein
Weihnachtsmann kann sich irren."

John springt auf. Vor ihm steht Wim
Wunderlich mit einem blitzblanken
Fahrrad.

John stößt vor lauter Freude einen
lauten Schrei aus.

Alle Kinder im Dorf wachen
davon auf.

Sie kommen angelaufen. „Was für
ein tolles Fahrrad du hast",
rufen sie.

„Das habe ich gerade vom
Weihnachtsmann bekommen", sagt
John. „Hier ist er."

Aber Wim Wunderlich ist schon
längst mit dem Schlauchboot
verschwunden.

Er verstaut es mithilfe von Wips
und Wups im Wolkenboot.

„Jetzt aber schnell an die See!", ruft
Wips. „Der andere John wartet
schon auf sein Boot!"

Annelies Schwarz wurde 1938 in Böhmen geboren. Sie studierte Pädagogik und bildende Kunst. Heute unterrichtet sie an einem Bremer Schulzentrum. Ihr erstes Buch „Wir werden uns wiederfinden" kam in die Auswahlliste zum Deutschen Jugendliteraturpreis. Seitdem hat sie viele weitere erfolgreiche Bücher geschrieben.

Sabine Kraushaar zeichnete schon, als sie gerade mal einen Bleistift festhalten konnte. Ihr großer Traum war, später Kinderbücher zu illustrieren. Sie studierte Grafik an der Kunstakademie in Maastricht. Danach machte sie sich selbstständig. Und seit 1995 geht ihr Kindheitstraum in Erfüllung.

Zum Schauen und Lesen

Marliese Arold
**Bildergeschichten
mit Piggi Pingelig**

Ingrid Uebe
**Bildergeschichten
mit Siggi Seemannsgarn**

Ursel Scheffler
**Bildergeschichten
mit Johnny Cool**

Loewe